Lb 1015.

AF296408

Lb 1015.

PLAINTE

EN

DIFFAMATION

DE M. CASIMIR PÉRIER ET DE M. LE MARÉCHAL SOULT.

PLAIDOIRIE

DE Me. DUPIN (PHILIPPE),

Avocat de M. Casimir Périer.

(*Extrait de la Gazette des Tribunaux*).

Après les plaidoiries de Me. Michel pour M. Marrast, auteur de l'article incriminé; de Me. Moulins pour M. Bascans, gérant du journal *la Tribune*; et de Me. Bethmont pour M. Thouret, gérant du journal *la Révolution*, Me Dupin jeune, avocat de M. Casimir Périer, prend la parole, et s'exprime en ces termes :

« Messieurs, dans les discussions qui viennent de vous être présentées, vous avez entendu de singulières prétentions, d'étranges doctrines, pour ne rien dire de plus; et si quelque chose pouvait rendre plus sensibles les dangers de la diffamation, comme la nécessité d'y opposer une répression sévère, ce seraient les paroles proférées dans cette enceinte. Qu'il me soit permis d'y répondre.

» Dans la dernière lutte électorale, la victoire était demeurée au parti de la modération : une majorité parlementaire se trouvait acquise au ministère.

» Organe de l'opposition la plus hostile à ce ministère

et à la ligne politique qu'il avait suivie, la *Tribune* s'irrita de l'avantage qu'il venait de remporter. On devait s'y attendre.

» Les partis ne sont jamais plus violens qu'au jour de leur défaite; aussi les violences habituelles de *la Tribune* prirent un nouveau degré d'énergie. Un premier article accumulait, sous la forme de questions, les accusations les plus graves contre les ministres, et se terminait par cette interpellation aux électeurs : « Voilà à qui vous avez donné la victoire.... Electeurs, soyez fiers; et vous, patriotes, défendez votre œuvre! »

» Cependant ces attaques étant toutes politiques, les ministres dédaignèrent d'y répondre et de descendre dans l'arène où l'on voulait les entraîner. C'était à leurs juges naturels, c'était aux Chambres qu'ils devaient compte de leurs principes et de leur conduite.

» La colère de *la Tribune* s'en accrut. L'article fut reproduit, et le silence du ministère présenté au public comme un aveu tacite, comme la preuve acquise de l'authenticité des faits qui lui étaient reprochés. On fit plus; M. Marrast nous dit lui-même, dans son interrogatoire, que, pour forcer le ministère à rompre son dédaigneux silence, il prit ce qu'il appelle *le chemin plus direct de la personnalité*, et ce que j'appellerai, moi, le chemin odieux de la calomnie. En effet, aux premiers reproches on ajouta, contre le président du conseil et contre le ministre de la guerre, les indignes accusations qui sont l'objet de ces débats.

» Cette fois, Messieurs, il n'était plus possible de se taire. Une accusation politique, vous le savez, n'entache point l'honneur des personnes : si elle vous compromet aux yeux des uns, elle vous élève aux yeux des autres; si elle vous enlève l'estime politique de ceux-ci, elle vous rend l'estime politique de ceux-là; elle peut laisser à l'homme l'estime de tous; souvent même on l'accepte, on s'en enorgueillit, on s'en fait un titre de gloire. Cela explique le silence reproché au ministère.

» Mais il n'en saurait être de même d'une accusation de concussion et de vol, il faut bien le dire. Les mots de vol et de concussion ont la même signification dans toutes les langues et dans tous les partis; ils sonnent de même à toutes les oreilles ; partout et aux yeux de tous ils déshonorent, ils flétrissent.

« Ce n'était donc pas assez du mépris pour faire justice d'une attaque de ce genre. Il fallait en demander une éclatante réparation à la justice. De là, le procès que vous avez à juger, Messieurs.

» Je ne crains pas de dire que les débats en ont été affligeans ; ils n'ont été qu'une longue diffamation continuée, organisée devant vous par nos adversaires.

» Pour répondre, j'essaierai de comprimer l'indignation que j'en ai ressentie. Je n'oublierai pas que la modération est l'apanage de celui qui a raison, que c'est aussi le devoir de celui qui se porte accusateur ; et dans ce rôle, heureusement inaccoutumé pour moi, je m'efforcerai d'apporter la simplicité de langage qui convient à la vérité.

» Fixons bien d'abord l'objet du procès, son caractère, les questions qu'il présente.

» Ce n'est pas une question politique que vous avez à juger; c'est une question judiciaire. Il ne s'agit pas de savoir si l'on doit suivre le drapeau du ministère ou celui de *la Tribune* : vous avez à décider si *la Tribune* a diffamé ou n'a pas diffamé M. Casimir Périer et M. le maréchal Soult.

» Ici encore il ne faut point prendre le change. La question n'est pas de savoir si les achats de fusils anglais étaient ou n'étaient pas nécessaires, si les fusils étaient ou n'étaient pas de bonne qualité, si les prix étaient ou n'étaient pas trop élevés. Il s'agit de savoir si M. Casimir Périer et M. le maréchal Soult ont eu l'infamie de se partager un pot-de-vin d'un million, c'est-à-dire de s'emparer des deniers de l'Etat. Voilà le terrain que nos adversaires ont eu grand soin de fuir, car il est brûlant, il est mortel pour eux. Mais je saurai bien les y ramener et les y maintenir.

» Il est d'abord un subterfuge auquel ils ont eu recours et qu'il faut leur enlever. J'aurais cru, je l'avoue, qu'ils l'auraient abandonné eux-mêmes comme indigne de cette franchise, de cette audace d'attaque et d'opposition qu'ils professent.

» Il n'a rien été affirmé contre MM. Soult et Périer, vous a-t-on dit; on leur a seulement adressé une question ; ce n'est point un fait qu'on a avancé contre eux , mais une explication qu'on leur a demandée..... misérable sophisme dont votre raison a déjà fait justice !

» En effet, Messieurs, si un tel système de défense pouvait être accueilli , ne serait-ce pas ouvrir une libre carrière à la diffamation? Ne serait-ce pas mettre à la disposition des calomniateurs le plus facile moyen d'impunité ? Un point d'interrogation suffirait pour innocenter les lignes le plus fortement imprégnées du venin de la calomnie ! A l'aide d'une simple forme grammaticale, la loi serait foulée aux pieds, la justice frappée d'impuissance, la société entière livrée à toutes les mauvaises passions des hommes habitués à tremper leur plume dans le fiel !

» Eh ! qu'importe que vous ayez pris la formule de l'interrogation pour jeter dans le pays des bruits attentatoires à l'honneur d'un citoyen, pour accréditer des faits qui entachent sa réputation ? En est-il moins blessé dans ce que tout honnête homme a de plus cher au monde? En est-il moins calomnié ? Les faits injurieux en seront-ils moins accueillis et colportés par la haine, par l'envie , par la crédulité, par tous ces échos, les uns purs , les autres impurs, dont l'ensemble forme ce qu'on appelle l'opinion publique ? opinion , hélas ! qu'il est si facile d'égarer, surtout dans les temps de trouble et d'agitation comme ceux où nous vivons !

» Et pour rendre ceci plus sensible encore , je suppose qu'en parlant d'un négociant, un journal dise par forme de question : n'est-il pas vrai que M. un tel a laissé protester un billet, et qu'il est sur le point de manquer? N'est-il pas vrai que tel autre a fait banqueroute, ou que, dans telle affaire, sa main criminelle a falsifié ses livres pour tromper des tiers? Croyez-vous que l'honneur et le crédit du négociant n'auront pas à souffrir de ces demandes? Croyez-vous qu'il ne se hâtera point d'en demander justice? Et suffira-t-il de lui dire alors : je n'ai pas avancé un fait, j'ai fait une question ; si vous n'êtes ni failli , ni banqueroutier, ni faussaire, tant mieux pour vous ; nous sommes quittes.

» Ce que je dis du négociant, je puis le dire, Messieurs , de toutes les autres professions ; car la calomnie est un fléau qui attaque la société tout

entière; elle menace ceux même qu'elle n'a pas encore atteints. Ainsi , mettez-vous à la place d'un
brave militaire dont un journal dirait : « N'est-il pas
vrai qu'il a fui à telle bataille, qu'il a trahi dans telle
rencontre? » Supposez que vous êtes magistrats, et
qu'on demande au public s'il n'est pas vrai que dans telle
affaire vous avez vendu votre voix à l'injustice et con-
damné l'innocence ! Regardez-vous cette question comme
inoffensive?Enfin,dans toutes les positions de la vie, et quelque humble place qu'on occupe dans l'ordre social, si on a
un cœur d'honnête homme, quel est celui qui ne se sentira
pas cruellement blessé dans son honneur, si ses amis, ses
parens, le pays entier peuvent lire sur son compte ces
horribles lignes: « N'est-il point vrai qu'il s'est souillé par
un crime? » S'il a quelque respect de lui-même, il s'em-
pressera d'en demander justice; et j'aime à croire, pour
l'honneur de mon pays, qu'il ne se trouverait pas de
juges, pas de jurés assez oublieux de leurs devoirs pour
lui refuser une légitime satisfaction.

» Ces vérités sont de la plus claire évidence, et il n'y
a point de sophismes qui puissent les obscurcir. D'ailleurs
ce n'est pas devant vous que les sophismes pourront faire
fortune. Ce qui distingue votre juridiction , ce qui l'é-
lève, c'est qu'elle est une juridiction de vérité, de bon
sens , d'équité. Ici point de chicanes; ce que vous voyez,
ce sont les choses et non les mots; vous jugez le fond et
non de vaines formes; vous allez droit à la vérité.

» Or, dans la vérité, qu'est-ce qui constitue la diffamation? Ce n'est point telle ou telle forme de langage;
c'est la volonté de nuire à la réputation d'autrui, c'est la
volonté de faire croire à des faits qui la flétrissent , c'est la volonté de répandre des accusations
mensongères contre celui que l'on a dessein de perdre
dans l'opinion publique. Partout où vous verrez cette
volonté en action, vous direz qu'il y a calomnie. Peu importe qu'en enveloppant ses attaques dans les plis d'une
interrogation , l'auteur ait cherché à se ménager un subterfuge et à nier la calomnie, c'est-à-dire à justifier un
mensonge par un mensonge. La lâcheté de la forme ne
justifiera pas à vos yeux la perversité du fond. Vous ne
vous arrêterez pas à une question de grammaire, mais à
une question de bonne foi. Que la calomnie se soit pro-
duite par interrogation ou par affirmation, elle n'en sera

pas moins calomnie, c'est-à-dire le plus odieux des délits.

» Ainsi, dans l'article incriminé, quelque tournure
qu'on ait adoptée, on ne vous persuadera point qu'on
y ait déposé la question outrageante dont nous nous
plaignons, afin d'éclaircir simplement un fait, et d'ob-
tenir du ministère ou l'aveu naïf et touchant qu'il s'est
rendu coupable d'un crime, ou une dénégation dont la
bonne foi et la bienveillance du journaliste se seraient
contentées. Pour tout homme sincère, il est manifeste
qu'on a voulu porter le public à croire que MM. Soult et
Casimir Périer s'étaient rendus coupables de concussion,
qu'ils s'étaient approprié frauduleusement les deniers
de l'Etat ; c'est-à-dire qu'ils avaient commis un des
crimes les plus infâmans que puisse commettre un homme placé à la tête des affaires d'un pays. Il est également manifeste, par tout l'ensemble de l'article, que le
journaliste a voulu paraître en savoir plus qu'il n'en dit,
être sûr de son fait et porter un défi qu'on n'oserait ac-
cepter. Il s'est donc rendu coupable d'une énorme calomnie.

» On a parlé du droit d'interpellation qu'avaient les
journaux à l'égard du ministère. On l'a presque assimilé
au droit d'interpellation qu'ont les Chambres, et dont
jusqu'à présent on n'a pas usé avec beaucoup de bonheur.
(Mouvement.)

» Sans doute, Messieurs, les journaux ont le droit
ou au moins le pouvoir de fait d'adresser aux ministres
et aux fonctionnaires de l'Etat des questions sur la mar-
che et les actes de l'administration. Mais on accordera
d'abord que les ministres ont le droit de répondre ou
de ne pas répondre. Ensuite, ce droit d'interpellation,
de question et même de critique, a ses limites ; et c'est
ici que le discernement du jury saura bien reconnaître
avec son merveilleux instinct d'équité ce qui est coupable de ce qui ne l'est pas.

» Si les questions ne portent point sur des faits évi-
demment faux et controuvés, si elles n'ont point pour
objet d'attaquer, de flétrir l'honneur des personnes,
mais d'éclairer loyalement un doute sincère et motivé,
ces questions peuvent être innocentes, alors même
qu'elles seraient dénuées de fondement.

» Mais si vous faites une question qui a pour objet de faire croire au pays que des faits déshonorans pourraient être imputés à tel ministre ou à tel fonctionnaire, vous n'êtes plus dans votre droit. Il y a question, si vous voulez, mais question diffamatoire. Or, nous avons un déplorable exemple de cette diffamation dans l'article incriminé. Et ne croyez pas qu'en ceci nous voulions porter la moindre atteinte à la liberté de la presse. Soyez-en convaincus, MM. les jurés, nous sommes amis sincères de cette liberté. (Légers murmures dans la partie la plus reculée de la salle.) Amis aussi sincères, continue M⁰. Dupin, que les rédacteurs de *la Tribune* et de *la Révolution*. (De nouvelles rumeurs interrompent encore l'avocat, et sont aussitôt réprimées par des marques générales d'adhésion du barreau et du reste de l'auditoire.)

» Oui, Messieurs, s'écrie alors Mᶜ Dupin en se tournant vers les interrupteurs, et en élevant la voix, je suis ami de la liberté, mais de cette liberté qu'on veut pour les autres autant que pour soi-même, de cette liberté qui est le patrimoine de tous et n'est pas le bénéfice exclusif de quelques-uns, de cette liberté enfin qui ne consiste pas à venir porter atteinte, dans le sanctuaire de la justice, aux droits sacrés de la défense. Je veux, moi, la liberté pour tout le monde : je n'interromps pas mes adversaires quand ils parlent ; je respecte leurs droits, qu'on respecte les miens ; je les écoute, et je dois être écouté.

M. *le président* : Continuez, Mᶜ Dupin, la Cour saura faire respecter vos droits. (Profond silence).

Mᶜ Dupin : Je dis donc, MM. les jurés, que dans l'article incriminé on a posé la question de telle manière qu'on ne saurait s'y méprendre. Il y a imputation manifeste d'un fait calomnieux, et j'ai vraiment honte d'avoir discuté si longuement devant vous une question pleine d'évidence et de clarté.

» Maintenant, je reconnais aux prévenus le droit de faire la preuve de ces imputations. Ainsi de deux choses l'une : ou elles sont vraies, alors prouvez-les : ou elles sont fausses, alors vous êtes des calomniateurs. Vous ne pouvez pas sortir de ce cercle. C'est là toute la question à laquelle il faut bien sans cesse ramener le procès. Eh bien ! où sont ces preuves promises avec tant d'assurance ?

» On reconnaît en quelque sorte qu'il n'en existe aucune; car on dit : il est des faits qui ne peuvent être prouvés, des preuves confidentielles qui ne peuvent être produites. Qu'est-ce à dire, et quelle serait la conséquence d'un pareil système de défense? c'est qu'on serait dispensé de preuves à l'égard de certaines calomnies, c'est qu'il suffirait d'imputer à un homme un de ces faits qui, par leur nature même, ne peuvent pas être prouvés, pour avoir le privilége de la diffamation. Moi, je dis que lorsqu'il n'y a pas possibilité de prouver un fait, on se tait, ou l'on est colomniateur. L'admission d'un principe contraire serait la reconnaissance du droit illimité de calomnie.

» On nous accorde ce raisonnement pour les cas ordinaires; il pourra, dit-on, trouver sa juste application quand il s'agira des simples citoyens; mais il ne saurait être admis quand il sera question d'un journaliste. Le journaliste, poursuit-on, est le censeur des mœurs, l'écho des bruits qui circulent dans le public. Lorsqu'il est dans son sanctuaire, qu'il siége sur son tribunal, et qu'un bruit lui arrive, voulez vous donc qu'il se donne la peine de le vérifier? voulez-vous donc qu'il fasse une enquête?... mieux vaut sans doute, dans la pensée de nos adversaires, qu'il calomnie sur-le-champ.

» Ah! Messieurs, quelle serait donc cette puissance dictatoriale, cette magistrature irresponsable qu'on voudrait donner au journaliste? Quelle est donc cette nouvelle loi des suspects qui permettrait d'accuser publiquement ceux qu'on soupçonnerait d'être coupables? Ce sont là d'étranges et d'effrayantes doctrines, il faut en convenir.

» Ne pourrais-je pas dire au contraire qu'un journal étant un moyen de publicité plus puissant, cause par cela même un mal plus rapide, fait de plus profondes blessures et rend par conséquent nécessaire un remède plus énergique et plus efficace? Mais non. Je ne veux pas, moi, que le journaliste soit traité plus sévèrement que les autres citoyens. C'est un principe à jamais conquis par la révolution de juillet, qu'il y a pour tous égalité devant la loi. Le journaliste, comme les autres citoyens sans exception, est responsable devant la justice de ses écrits, de ses paroles. S'il dit ou publie un fait attentatoire à l'honneur d'un fonctionnaire public, il faut qu'il le prouve, ou qu'il soit marqué du sceau des calomniateurs. Point de privilége en sa faveur, car ce privilége serait le plus odieux de tous, il serait le privilége de la diffamation.

» Qu'on ne vienne pas dire : S'il en est ainsi, il e t des vérités qui ne pourront pas se faire jour. En rapportant un fait accusateur, ce n'est pas moi, journaliste, qui suis coupable, c'est la voix publique, dont je ne suis que l'écho, et que je suis obligé de reproduire. — Non, Messieurs, il n'en est pas ainsi, et lorsqu'un fait n'est pas complètement prouvé, mais qu'il repose sur des indices graves, la tribune n'est-elle point ouverte? Le droit de pétition et d'interpellation n'existe-t-il donc pas? Quant à cette magistrature du journaliste qu'on veut assimiler à un fonctionnaire public, je ne saurais l'admettre. Sans doute je reconnais dans un journaliste un citoyen utile, quand il discute les intérêts du pays, mais coupable quand il diffame. En lui je ne vois rien de plus.

» En Angleterre, Messieurs, on entend aussi bien qu'en France la liberté de la presse; et là, plus qu'ailleurs, les lois sont puissantes contre la calomnie. Les journalistes, comme les autres citoyens, sont soumis à une terrible responsabilité, quand ils attaquent l'honneur des individus, et descendent à des personnalités.

» On vous parle aujourd'hui de bruits, de rumeurs qui, recueillis par *la Tribune*, par *la Révolution*, devaient être enregistrés dans ces feuilles. Eh! bien, c'est par leurs pairs que je vais les faire juger.

» Vous savez, Messieurs, que les secrets de journaux sont comme les secrets de comédie. Le *National*, dont vous avez vu le gérant, M. Paulin, comparaître à votre barre, avait eu connaissance de ces bruits, de ces rumeurs dont on vous parle ; M. Cauchois-Lemaire, rédacteur du *Constitutionnel*, les avait également connus ; ils ont lu aussi l'article de M. Marrast. Eh! bien, le *National*, le *Constitutionnel* ne les ont point reproduits. Ils ont pensé que de pareilles rumeurs méritaient au moins confirmation et ne pouvaient pas être livrées légèrement à la publicité.

» *La Tribune* a agi différemment. Elle a dénaturé ces

bruits ; elle a mis des certitudes à la place du doute , et accusé des ministres que la voix publique n'avait point accusés. C'est là qu'est la diffamation.

» Sans doute, Messieurs les jurés, vous ne regarderez pas non plus comme une preuve justificative, mais comme une aggravation de la calomnie, ce qui vous a été dit, que la vie antérieure des deux ministres avait suffi pour autoriser les soupçons et les attaques de M. Marrast. Certes , elle est assez connue cette vie , et nous n'acceptons pas comme une grâce que les prévenus ne l'aient point ici dévoilée. C'est nous qu'ils devraient remercier de n'en avoir point parlé, car nous aurions pu nous en faire un titre; nous aurions pu leur dire : Voyez qui vous avez calomnié ! Mais nous savions qu'ici l'on juge les faits et non les personnes ; que les titres , les services s'effacent ; que tous deviennent égaux devant la majesté de la justice et des lois, et qu'il n'y a d'autre distinction devant vous que celle de l'innocence ou de la culpabilité. Oublions donc, j'y consens, oublions que l'un des plaignans est un de nos plus illustres guerriers ; oublions la gloire d'Austerlitz et celle de tant d'autres combats ; oublions que le dernier coup de canon, tiré en 1814 , pour l'indépendance de la France , l'a été par le maréchal Soult. Oublions encore ces quinze années d'une courageuse opposition dans laquelle M. Périer a épuisé ses forces et usé sa santé pour résister aux projets de la contre-révolution , et pour défendre ces libertés dont l'ingratitude abuse si cruellement contre lui (mouvement marqué dans l'auditoire et au barreau) ; oublions enfin ses luttes glorieuses de la tribune et son ancienne popularité. Pour l'un et pour l'autre je demande simplement justice , justice comme pour le plus humble citoyen; je demande que parce qu'ils sont ministres, ils ne soient pas mis hors de la loi commune ; que leur honneur soit protégé ; que vous ne livriez pas ces vies glorieuses aux morsures empoisonnées de la haine et de l'envie ; que vous ne fassiez pas de ces réputations honorables la pâture des calomniateurs.

» Mais voyez un peu, Messieurs, quel danger il y aurait à adopter le système que je combats. Le calomniateur pourrait se préparer une arme à l'avance, et donner pour excuse de la calomnie les ravages mêmes que la calomnie aurait produits.

» J'ai connu un journaliste, homme d'esprit (c'est ce qu'on rencontre souvent chez ces Messieurs), incapable de se permettre des altérations graves contre la vérité (j'aime à croire aussi que c'est chose commune). Chargé de rendre compte des séances des Tribunaux et de la Chambre des députés, il mettait suivant l'usage, mais au gré de son impression, *rires, murmures, approbation*, etc. ; toutefois, pour rassurer sa conscience (car il en avait), il prenait soin de murmurer là où il mettait murmure, de donner des signes approbatifs là où il mettait mouvement d'approbation ; et si on lui reprochait cette légère infidélité, il répondait naïvement : Mais je suis d'autant plus sûr de la vérité de ce que j'ai écrit, que c'est moi-même qui ai ri ou murmuré.

» Eh bien ! Messieurs, le calomniateur ne pourrait-il en faire autant, mais avec des conséquences bien autrement graves ? Je suppose qu'il aille dire ou qu'il fasse dire dans un salon, dans une coterie, dans un bureau de journal, que tel ministre ou tel autre citoyen a reçu un pot-de-vin d'un million. Le bruit circule de bouche en bouche, se colporte, prend de la consistance ; car le mal se répand vite : une utile vérité cheminerait plus lentement ! Alors le diffamateur s'en empare et le consigne dans un journal en disant : *c'était un bruit public.* Je réponds : *c'était une diffamation* que vous vous êtes appropriée ; vous en êtes comptable devant la justice.

» Voyons donc, au reste, de quoi se composent ces prétendus bruits publics, enregistrés par la *Tribune*. On invoque d'abord un discours prononcé, le 18 avril dernier, par M. de Corcelles à la chambre des députés. Ah ! certes, s'il a été dit à la *Tribune* que MM. Casimir Périer et Soult ont reçu un million pour des marchés de fusils, et si vous avez rapporté cette accusation dans vos colonnes, vous êtes tout-à-fait excusables. Mais M. de Corcelles n'a pas dit un mot de cela. Il a parlé de marchés faits à des prix onéreux : il a prétendu qu'on avait payé cher alors ce qu'on pouvait payer bon marché. S'agit-il là de pot-de-vin, de vol, de concussion ?

» On a aussi invoqué un article du *National.* Voyons ce qu'a fait ce journal : il s'est demandé d'où venait la préférence accordée aux fusils anglais ; il a donné un champ libre aux conjectures ; il s'est plaint qu'on n'ait pas été assez économe des deniers de l'Etat : cela était dans son droit. Mais il n'a pas transformé ces réflexions en imputation d'un fait odieux à telle et telle personne.

» Le prévenu vous a cité plusieurs honorables députés, MM. Mauguin, Lamarque et autres, comme lui ayant révélé les faits qu'il a signalés ou fourni les preuves qu'il avait promises. Mais ces Messieurs n'ont pas déclaré ici qu'ils fussent les pourvoyeurs de nouvelles de M. Marrast. Ils n'ont pu dire à M. Marrast que ce qu'ils ont dit à l'audience ou à la tribune. Voyons donc ce que renferment leurs dépositions.

» M. Mauguin aurait eu des lettres qu'il aurait montrées à M. Marrast. Je conçois fort bien qu'il faut qu'un député, et surtout un député de l'opposition, recueille tous les bruits qui circulent, pour les vérifier ; il est bon qu'il sache ce qui se dit au-dedans et au-dehors. Mais ces lettres, M. Mauguin ne les a pas apportées. Il les a brûlées, dit-il ; je crois qu'elles ont existé ; il l'a dit, et je suis plein de confiance dans sa parole. Mais nous ne pouvons apprécier par nous-mêmes des pièces qui ne sont point produites ; l'honorable député peut seul nous en rappeler le contenu. Eh! bien, quand nous lui avons demandé si elles parlaient d'un pot-de-vin d'un million donné à MM. Soult et Casimir Périer, complet silence à cet égard. On parlait de deux marchés, a-t-il dit, on accusait les agens du ministère, mais les ministres n'étaient pas même nommés. Eh bien! ce sont ces ministres eux-mêmes que M. Marrast a nommés, accusés, calomniés. Il parle d'un pot-de-vin d'un million dont personne n'a parlé. Voilà donc avec quelle légèreté on se joue des existences les plus graves! Voilà comme on abuse de la liberté de la presse dans l'intérêt de l'esprit de parti!

» Ce que j'ai dit à l'occasion de M. Mauguin, je le dirai de la déposition du général Dubourg. Il a prétendu qu'on parlait à Londres avec mésestime des marchés de fusils : il n'a pas dit un seul mot du pot-de-vin d'un million, ni des deux ministres diffamés.

» Que dirai-je de Lavarino, ce médecin italien ou portugais, qui est allé s'offrir comme témoin à M. Marrast, qui arrive à l'audience avec ses découpures de papier, avec son fragment de lettre sans signature, sans timbre, sans authenticité? D'ailleurs cette nouvelle dont il vous a parlé aura peut-être couru à Londres postérieurement à la diffamation de *la Tribune*, et cette diffamation, répétée par les journaux anglais, aura pu revenir à Lavarino. Voilà, Messieurs, les funestes effets de la diffamation lorsqu'elle s'adresse à des hommes élevés. Elle n'est pas locale : elle s'étend d'un bout de la France à l'autre; elle gagne toute l'Europe, traverse les mers, les plus grandes distances, et souvent les justifications ne peuvent ni la prévenir, ni l'atteindre.

» M. Paulin vous a parlé de mauvaises choses qui se seraient passées dans les marchés. Je vous rappelle qu'il n'en a pas parlé dans son journal.

» M. Dupont (de l'Eure), connu par sa probité sévère, scrupuleuse, âpre (ce mot n'est pas une censure, mais un éloge), vous a dit qu'il avait entendu avec peine élever des soupçons sur un ministère dont il faisait partie. Quant au pot-de-vin, il ne sait rien, il n'a rien entendu dire.

» M. Poubelle cite bien un propos qui lui aurait été tenu par M. de Bremont; il l'avait rapporté, dit-il, à M. Dupont (de l'Eure). Mais M. Dupont (de l'Eure) interrogé déclare qu'il ne se le rappelle nullement. La chose est extraordinaire! il est impossible, si l'avertissement avait été donné avec la précision que M. Poubelle affirme y avoir mise, que M. Dupont (de l'Eure) l'ait oublié, et qu'il n'en ait pas parlé au conseil ou à ses collègues. Il faut en conclure de deux choses l'une, ou que M. Poubelle se trompe, ou qu'il s'est exprimé en termes si vagues, si peu accusateurs, que M. Dupont (de l'Eure) n'y a pas fait attention, qu'il a méprisé de pareils bruits. Vous, rédacteur de *la Tribune*, vous auriez dû imiter M. Dupont!

» J'accorde au surplus que M. Poubelle ait porté à M. Dupont de l'Eure le renseignement dont il parle; de qui le tient-il? de M. de Bremont : mais M. de Bremont le nie. Je suppose cependant que M. de Bremont eût persisté dans sa déposition première. Qu'est-ce que c'est que M. de Bremont, cet employé d'une nouvelle espèce, ce fonctionnaire indéfinissable, ce courrier diplomatique entre les journaux et les ministères? Remarquez au surplus qu'il n'a pas parlé des ministres, mais seulement de M. Gisquet. Voyez donc de quoi se composent les bruits qu'on invoque; ils sont partis, dit-on, de M. de Bremont qui les nie, qui les désavoue, et c'est sur de pareils erremcns qu'on ne balance pas à déverser la plus odieuse, la plus épouvantable diffamation contre deux ministres du Roi, contre un illustre guerrier qui, sans avoir besoin de se glorifier de ses services passés, aurait fait assez pour sa gloire en protégeant la France contre l'invasion, en la mettant en état de résister aux puissances étrangères, si elles venaient attaquer notre indépendance. C'est dans de telles circonstances que vous avez l'indignité d'aller ramasser de la boue pour la jeter sur les lauriers d'un illustre maréchal et sur la vie toute généreuse de M. Casimir Périer..... Ah! Messieurs les jurés, voilà ce qui excite mon indignation et ce qui excitera la vôtre, j'en suis convaincu.

» Quant au propos de M. Kœchlin, nous ignorons s'il aurait été répété à l'audience; mais l'eût-il été, il n'offrirait rien qui ressemblât à la calomnie de *la Tribune*. Il se bornerait à ceci, d'après les dépositions entendues : Un Alsacien a dit qu'ayant offert de fournir des fusils à meilleur marché que M. Gisquet, ses offres auraient été refusées, parce qu'on lui avait demandé *dans les bureaux* un pot de vin de 40,000 fr., qu'il n'avait pas voulu donner.

» Mais quel est ce négociant? quelle foi mérite-t-il? Ne serait-ce pas un soumissionnaire désappointé et de mauvaise humeur? Encore une fois, nous ne le connaissons pas. Ce que nous savons fort bien, c'est que M. Kœchlin n'a pas ajouté d'importance au propos, que s'il l'a révélé à ses collègues, il n'en a point parlé à la tribune, que les députés qui l'avaient entendu n'ont pas jugé à propos de remonter à la source. C'est donc un document insignifiant et sans valeur. D'ailleurs il accusait les bureaux, et non les ministres.

» Mais ici se place la discussion d'une étrange doctrine constitutionnelle. Supposons, nous dit un de nos adversaires, que la corruption se soit arrêtée dans les bureaux, peu m'importe; les ministres sont responsables pour leurs bureaux. Messieurs, je conçois parfaitement la solidarité du ministre, s'il s'agit d'un acte d'administration; mais il n'y a point de solidarité, s'il s'agit d'un crime ou d'un délit personnel.

»Remarquez encore : vous dites, M. Marrast, que vous n'êtes que l'écho des bruits qui circulent; mais ce n'est pas ici ; car au lieu de les reproduire, vous les avez dénaturés. Vous n'avez pas dit, en effet : Est-il vrai que dans les bureaux du ministère on ait demandé, pour accorder une fourniture de fusils, un pot de vin de 40,000 fr. ? Vous avez demandé si MM. Soult et Casimir Périer n'avaient pas reçu un pot de vin d'un million pour les marchés de fusils. Qu'on ne vienne donc pas prétendre que *la Tribune* a été l'écho d'un bruit public : elle n'a été, dans tous les cas , qu'un écho infidèle et trompeur.

» J'arrive à la déposition par réminiscence de M. Baude. Il y a deux parties dans cette déposition. Dans l'une il a expliqué qu'il était député d'un département auquel appartient la ville de Saint-Étienne; qu'il était de plus conseiller d'état attaché à la section chargée d'examiner ce qui a rapport au ministère de la guerre; enfin qu'il a été, comme secrétaire-général du ministère de l'intérieur, occupé de l'armement des gardes nationales du royaume. Dans cette triple qualité, il lui semblait qu'on ne pouvait passer un marché sans lui demander son avis. Il regrettait surtout, vous a-t-il dit, de n'avoir pu défendre les intérêts de son département, des manufacturiers français. C'est là un zèle louable, et après la publicité qu'il vient de donner à ce fait, je suis convaincu que ses anciens commettans lui en tiendront compte aux prochaines élections. (On rit.)

» M. Baude vous a dit ensuite : Je crois avoir le secret des marchés ; le voici. M. Gisquet avait traité avec les négocians anglais; il avait stipulé qu'on ne pourrait livrer des fusils à d'autres qu'à lui. Il est très possible que M. Gisquet se soit fait de cette position un moyen de contrainte auprès des ministres , et qu'il ait dit : « Prenez mes fusils ou je vais les livrer à l'étranger. » Messieurs, si M. Gisquet avait tenu ce langage , ce serait un mauvais citoyen. Mais en la supposant aussi vraie qu'elle est inexacte , cette déclaration serait justificative de M. le maréchal Soult et de M. Casimir Périer ; elle convaincrait les prévenus de calomnie. Aussi M. Baude vous a-t-il dit qu'il connaissait beaucoup M. le maréchal, qu'il s'honorait de son amitié et lui accordait toute son estime.

» Mais il y a plus : le colonel Tugnot, à la probité duquel M. Baude rend hommage, croit pouvoir affirmer que les souvenirs de M. Baude sont infidèles. Et moi aussi ,

Messieurs, je crois pouvoir l'affirmer. En effet, si M. Gisquet eût tenu le langage qu'on lui prête, ou qu'on suppose vraisemblable ; si même M. le ministre de la guerre avait été dominé par les pensées qu'a exprimées M. Baude, il n'eût pas manqué de le déclarer aux Chambres lorsque les marchés ont été attaqués. Il eût dit : On me menaçait de vendre à l'étranger les armes que j'aurais refusées ; ou bien j'en avais redouté la possibilité ; j'ai eu la main forcée. Mais tel n'a point été le langage du ministre. Il s'est borné à dire : J'ai cru qu'il fallait, à tout prix, mettre la France en état de défendre son indépendance menacée; qu'il fallait, pour cela, armer, à l'intérieur, les gardes nationales et les réserves, approvisionner les arsenaux et les magasins; je l'ai fait et je m'en glorifie. Si j'ai payé trop cher, eh bien, soit ; je peux dire comme le général Lafayette : Sans doute les écus sont précieux ; mais en pareille circonstance des fusils valent mieux que des écus !

» Passons à une autre objection. On a prétendu qu'une seule chose pourrait justifier le ministère d'avoir acheté des fusils à l'étranger, et que c'était l'urgence. En effet, a-t-on dit, comment croire que le maréchal Soult aurait accepté sans une grande nécessité, des armes qui auraient servi à combattre les Français à Waterloo ? Eh ! qu'importe d'où viennent des armes, lorsqu'elles sont dans les mains des Français ? Ces armes viennent des troupes anglaises ! elles ont tiré contre nous à Waterloo ! Eh bien ! si l'on attaque notre indépendance, elles serviront, par une glorieuse compensation, à effacer les malheurs et les affronts de 1814 et 1815; elles ramèneront la victoire au drapeau tricolore.

» On dit encore : pourquoi avoir été demander des armes à l'industrie étrangère, tandis qu'en France nous comptons tant d'ouvriers sans occupation ? On a renouvelé à ce sujet les déclamations perfides de *la Tribune* pour tromper et pour égarer les classes laborieuses de la société. On avait ainsi l'air de prendre le parti des ouvriers et l'on voulait les associer à ce que la calomnie et la diffamation ont de plus odieux et de plus repoussant.

» Vous vouliez, dites-vous, qu'on fît fabriquer les fusils par des ouvriers français ? mais on a reconnu que cela était chose impossible. M. Odilon Barrot, alors préfet de la Seine , dans sa louable sollicitude pour la population qu'il était chargé d'administrer , avait formé le dessein d'ouvrir d'immenses ateliers de fabrication d'armes. Mais on s'est assuré qu'il aurait d'abord fallu commencer par faire des ouvriers, et le moyen a été reconnu impraticable. MM. Laffitte, Guizot, Dupont, vous l'ont affirmé. M. le général Gourgaud , de son côté, a tranché nettement la question par ces mots militairement énergiques : « la question n'était pas de savoir s'il valait mieux avoir des fusils français que des fusils anglais, mais s'il valait mieux avoir des fusils anglais que des piques ou des manches à balai. »

» L'urgence a donc été reconnue par tout le monde. Il fallait 1,400,000 fusils. La fabrication française ne pouvait pas les fournir à l'instant et comme par enchantement. Il a fallu s'adresser à l'Angleterre.

» On a dit encore que des propositions plus avantageuses que celles de M. Gisquet avaient été repoussées. Disons un mot de ces propositions.

» M. Ganneron en a fait une au nom d'un sieur Courvoisier , de Hambourg. Il faut d'abord reconnaître que ces offres étaient venues postérieurement au marché conclu avec M. Gisquet, et que, par conséquent, ce n'est point pour faire ce marché qu'on les a rejetées. D'un autre côté, elles étaient insuffisantes : on offrait 5 mille fusils, et il en fallait 200,000.

» On nous a parlé encore des propositions que M. Sauquaire-Souligné avait fait faire au ministre par un général de ses amis qu'il ne veut pas nommer. On a dit que le ministre n'en avait pas tenu compte. Je demanderai d'abord s'il est bien certain que l'ami de M. Sauquaire-Souligné ait bien rempli sa commission, s'il n'est pas possible qu'il ait promis sans tenir, et qu'il ait donné à M. Sauquaire-Souligné , ce qu'on appelle de l'eau bénite de cour.

» Mais, ajoute-t-on, M. Sauquaire-Souligné a écrit le 11 décembre ; il a remis sa soumission chez le concierge du ministère. Ce n'est point là précisément un intermédiaire officiel. Quoi qu'il en soit, les marchés de M. Gisquet avaient été conclus deux jours auparavant. La soumission était donc tardive. Et puis, n'y a-t-il au-

BIBLIOTHÈQUE NATIONALE
R. F.
IMPRIMÉS

2

cune raison tirée soit des garanties offertes, soit d'autres motifs particuliers, qui ait pu faire rejeter la proposition de M. Sauquaire-Souligné?

»Vient enfin la grande objection. Un M. Vandermersh qui paraît ici par représentant, aurait aussi fait des soumissions à des conditions fort avantageuses.—Mais pourquoi M. Vandermersh n'est-il point dans cette enceinte? Pourquoi ne pouvons-nous pas l'interroger, lui demander des explications? Au surplus, prenons sa lettre à M. de Corcelles, seul témoignage produit.

» Je vois d'abord dans cette lettre que M. Vandermersh est fortement piqué contre M. Gisquet. Serait-ce donc aussi un fournisseur désappointé? car, Messieurs, quand les ministres accordent une fourniture, comme alors qu'ils donnent des places, s'ils font un heureux et quelquefois un ingrat, ils font cent mécontens.

» Je vois ensuite dans la lettre de M. Vandermersh qu'il offrait seulement 10,000 fusils par mois; mais cette offre n'était pas suffisante. Il eût fallu vingt mois pour fournir les 200,000 dont on avait besoin sur-le-champ. Je m'explique alors fort bien pourquoi on a rejeté les offres de M. Vendermersh, si réellement elles ont eu lieu.

» Au surplus, il est une réflexion générale qui répond à ces objections puisées dans le rejet de plusieurs soumissions. Quand un ministère a des fournitures à faire, les soumissionnaires abondent; une nuée de spéculateurs, courtiers, commissionnaires, accourent de toutes parts. Ils promettent monts et merveilles; mais combien se trouvent dans l'impuissance de remplir leurs engagemens! Rappelez-vous ce que vous a dit M. le général Gourgaud: sur 1,200,000 fusils commandés au commerce français (ce qui prouve qu'on ne l'avait pas oublié), on n'a pas réalisé la *trois centième* partie des fournitures. Ce n'a donc pas été sans raison, qu'à regret sans doute, on a été s'approvisionner à l'étranger.

».J'arrive maintenant à un point du procès que je rougis pour les prévenus, pour le pays, pour la dignité de cette audience, d'avoir à discuter. (Mouvement d'attention.)

» La haine et l'esprit de parti sont habiles pour tout

empoisonner, et tout ce qui peut servir à mauvaise in-
terprétation est avidement saisi par les passions.

Dans une affaire aussi grave et aussi délicate, il fallait
un homme sur le zèle, l'intelligence et la discrétion duquel on pût compter; il fallait un homme qui eût en ou-
tre des connaissances et des relations commerciales. On
demande dans le conseil si on ne pourrait pas indiquer
quelqu'un qui réunît toutes ces conditions. M. Casimir
Périer indiqua M. Gisquet.

» Qu'est-ce que c'est que M. Gisquet? Il faut, Messieurs, vous le faire connaître. M. Gisquet est un com-
merçant distingué, un négociant honorable et hono-
ré. Juge au Tribunal de commerce, il a coopéré à
ce jugement mémorable qui a placé si haut dans l'estime et la reconnaissance publiques la juridiction
consulaire. Il était membre du conseil général du
département. Il a pris une part active et glorieuse
aux événemens de juillet. Etait-il possible de
rencontrer dans un homme plus de titres réunis
sous le double rapport du patriotisme et de la capa-
cité? Voilà les motifs qui l'ont fait choisir. Ces
motifs, vous les comprenez; ils sont tous honorables; il
n'est pas besoin d'en chercher d'autres. Mais la calomnie
a trouvé le moyen de se faire jour, et de jeter son venin
sur ce qui s'explique si naturellement.

» M. Casimir Périer, dit-on, est l'associé de M. Gisquet. Son intérêt est dès-lors évident pour ces colpor-
teurs de diffamation. S'il a indiqué M. Gisquet, c'est
qu'il aura dû trouver part dans les bénéfices de ce dernier. Et c'est M. Casimir Périer qu'on accuse d'une aussi
basse spéculation! Je le répète : Je rougis d'être contraint
d'entrer dans de pareils détails. Il faut pourtant bien
ne rien laisser sans réponse.

» Savez-vous quelle est sa position? La maison Casimir Périer, et non M. Casimir Périer personnellement,
a commandité pour *un quart* la maison Gisquet. M. Casimir Périer est lui-même intéressé personnellement pour
un tiers dans sa maison. Ainsi, Messieurs, ce serait pour
avoir *le tiers d'un quart* dans les bénéfices de M. Gisquet,
que M. Casimir Périer aurait dépouillé son caractère honorable, et (disons le mot) serait devenu concussionnaire!
Cela est révoltant d'absurdité! (Mouvement.)

» Revenons maintenant à M. Gisquet :

» Sa participation aux marchés de fusils anglais se divise en deux époques.

»M. le maréchal Gérard lui donne d'abord la mission de faire des démarches, de prendre des renseignemens, de conclure, s'il est possible, un marché pour le compte du gouvernement. Aucune commission, aucune indemnité n'est réglée. M. Gisquet traite avec le gouvernement anglais par l'intermédiaire de négocians de Birmingham. Le prix des fusils est fixé authentiquement par le bureau de l'artillerie, à 25 schellings (31 fr. 87 cent.) pris à Londres. Une lettre du bureau, et au besoin le budget anglais en feraient foi.

» On parle beaucoup d'un partage de bénéfices secrets stipulé dans le marché. C'était une commission pour les négocians anglais. Au surplus, un mot répond à cette calomnie. Le marché a été remis de suite au maréchal Gérard par M. Gisquet avec un rapport qui explique toute l'opération.

» Du reste, ce marché si avantageux pour le gouvernement anglais, suivant nos adversaires, et si onéreux pour la France, c'est le gouvernement anglais qui le rompt lui-même et qui ne veut plus fournir les fusils.

» Voilà la mission de M. Gisquet terminée pour le premier marché. Il a été chargé d'un mandat par le gouvernement. Il l'a rempli avec intelligence, zèle et loyauté. Tout est consommé à cet égard.

» Voyons maintenant la deuxième partie de l'opération. Dans le premier marché, M. Gisquet a été mandataire du gouvernement : dans le second, il va être un négociant qui traite avec le ministère parce que le ministère nouveau préfère ce mode de traité. Il fait sa soumission et donne des indications positives. Le gouvernement anglais (et cela est authentique) exige 31 francs 87 centimes par fusil. Il demande, pour ses frais de transport, d'assurances, etc., une somme de 3 fr. 3 cent., en tout 34 fr. 90 c. par fusil. M. le maréchal Soult fait même une réduction de 90 centimes sur une partie de la fourniture. Voilà l'opération faite. C'est un marché conclu entre M. Gisquet, négociant, et M. le ministre de la guerre. M. Casimir Périer n'était plus ministre; il n'est pour rien dans tout ceci; il n'y fi-

gure ni de près ni de loin. Que venez-vous donc
parler d'un pot-de-vin d'un milli n? M. Gisquet a traité comme négociant. Eût-il un bénéfice considérable ?
ce bénéfice serait légitime. Eh bien! il résulte de ses
comptes qu'il y a perte par la rigueur d'exécution qu'on
a apportée, par les rebuts qu'on a opérés. Admirez maintenant, Messieurs, l'art infernal des calomniateurs pour
tout dénaturer, pour tout pervertir!

» Je ramène donc ici mes adversaires à la véritable
question du procès, et je demande encore quelles sont
les preuves de leur allégation, que MM. Soult et Casimir
Perrier avaient touché un pot de vin d'un million.... La
calomnie est évidente.

» On a cherché une excuse dans la bonne foi de l'é-
crivain. Elle doit, dit-on, l'absoudre à vos yeux, alors
même qu'il aurait erré sur la vérité des faits.

» Messieurs, il est des délits de la presse que la bonne
foi peut excuser, car la bonne foi peut les commettre.
Ainsi, j'accorde que, dans les questions de politique ou
d'administration, un homme de bonne foi peut errer et
se laisser entraîner au delà des limites de la légalité. Je
comprends, par exemple, qu'une âme généreuse,
qu'un esprit plus ardent que sage, plus touché des
promesses de la théorie que des possibilités de la pratique, préfère les orages de la liberté républicaine au
mouvement régulier de la liberté d'une monarchie
constitutionnelle. Un autre ne trouvera de garanties
pour l'ordre que dans un pouvoir fortement organisé.
Celui-ci, préoccupé d'idées religieuses, cherchera l'ori-
gine du pouvoir dans un prétendu droit divin, aujour-
d'hui bien discrédité, et appellera athée le gouvernement qui ne servira pas son intolérance. Celui-là
voudrait substituer une religion nouvelle à toutes les
croyances du passé et refaire la société à neuf. Que
toutes ces théories puissent se reproduire librement,
je l'accorde; et alors même qu'elles seraient ou exa-
gérées dans leur expression, ou téméraires dans leurs
attaques, ou imprudentes dans leur manifestation, s'il
y a conviction, bonne foi, je conçois qu'au milieu des
écarts possibles, la générosité des sentimens de l'écrivain
désarme la sévérité du juge; on pourra respecter une
conviction fâcheuse, mais forte et sincère; on épar-

guera une conscience égarée, mais pure et généreuse ; on absoudra des paroles imprudentes mais dictées par des motifs que l'honneur peut avouer.

» Dans les matières d'administration, je vais plus loin encore. Loin de réclamer pour les ministres ou pour les agens du pouvoir le privilége de l'inviolabilité , je veux une liberté, pour ainsi dire , absolue dans l'appréciation de leurs actes. Je veux (la proposition peut paraître exagérée), je veux qu'on ait même le droit d'être injuste envers eux, non pas qu'en soi l'injustice ne soit toujours un tort ; mais c'est un tort moral et non un délit ; c'est en ce sens que je dis qu'on a même le droit d'être injuste envers les ministres , et , il faut le dire, on en use largement dans la pratique. Ainsi, on pourra appeler funeste une mesure utile au pays ; si le ministère refuse de prodiguer l'or et le sang des Français pour des intérêts qui ne sont pas ceux de la France , on pourra lui dire que sa politique extérieure est sans énergie, sans dignité et qu'elle livre la France à l'étranger. Si au contraire il fait la guerre , on pourra lui dire qu'il sacrifie la prospérité du pays à l'ambition des conquêtes ou à des querelles qui ne sont pas les nôtres. Tous ses actes enfin pourront être présentés comme féconds en conséquences pernicieuses pour la patrie, alors même que la patrie devra y trouver sa gloire ou son bonheur. Je le répète, on pourra aller jusqu'à l'injustice. Et pourquoi?

» C'est que la libre censure des actes de l'administration est une des nécessités du gouvernement constitutionnel ; c'est que le droit de juger un acte , emporte nécessairement le droit de se tromper sur son appréciation ; c'est que dans une appréciation erronée, on peut être de bonne foi , et que la bonne foi doit se supposer quand il n'apparaît pas du contraire ; c'est enfin que si l'on n'avait la faculté de critiquer un acte qu'autant que la critique serait trouvée juste par le juge chargé de l'apprécier, il n'y aurait plus de liberté dans la manifestation des opinions ; celle du juge pourrait seule se produire impunément ; et c'est au contraire dans ce conflit des opinions diverses , c'est dans ce choc des jugemens contradictoires, dans ce combat d'apologies et de censures , que la vérité se fait jour, que le pays s'éclaire, et que l'administration s'améliore. Ce sont des plaidoyers pour et contre destinés à éclairer un grand procès politique. Le Roi, les Chambres, le pays jugent; et le ministère sort triomphant de la lutte, ou il y succombe.

» Voilà, Messieurs, ma théorie sur la liberté de la presse ; elle doit satisfaire les plus exigeans, et je ne crains pas qu'aucun homme raisonnable lui reproche de n'être pas assez large.

» Mais après avoir fait la part de la liberté, qu'il me soit permis de tracer ses limites et de montrer où la liberté finit, où la licence et l'abus commencent.

» J'ai dit que j'accordais un droit de censure sur les actes des ministres : mais je soutiens, et sans doute nul de vous, Messieurs, ne me démentira, je soutiens que personne n'a droit de leur imputer des actes qu'ils n'ont point faits. Et si quelque plume, trempée dans le fiel d'une inimitié personnelle ou d'une haine de parti, les accuse d'un fait imaginé à plaisir, si ce fait est de nature à compromettre leur honneur, leur probité, c'est une calomnie dont ils ont, comme tout citoyen, le droit de demander réparation à la justice.

» Dans ce cas, il n'y a point d'excuse possible. On ne peut point se réfugier dans l'excuse tirée de la bonne foi ; car la bonne foi n'est pas menteuse. On ne peut pas invoquer l'intérêt qu'a le pays à être éclairé ; car le mensonge trompe et n'éclaire pas. On ne peut point parler d'erreur ; car s'il est possible de se tromper sur l'appréciation d'un acte, de le croire bon quand il est mauvais, ou de le juger mauvais quand il est bon, il n'en est pas de même quand on imagine un acte qui n'existe pas, quand on dit un fait faux ; on ne se trompe pas alors : on ment, on calomnie ; on commet un délit grave qui provoque la sévérité de la justice et mérite l'indignation des gens de bien.

» Ainsi, Messieurs, pour appliquer cette doctrine à la cause, je suppose que les rédacteurs de *la Tribune,* attaquant l'achat de fusils anglais fait par le ministère, eussent dit : C'est une mesure anti-nationale ; il valait mieux faire travailler les ouvriers français que de s'approvisionner à l'étranger. L'attaque eût été injuste ; car si on s'adressait à l'Angleterre, c'est parce que les ouvriers français n'auraient pu fabriquer assez rapidement les armes dont on avait besoin, et qu'il était urgent d'armer la France. Eh bien! tout injuste qu'eût été l'attaque, elle eût été dans les droits légitimes de la presse.

» Si l'article attaqué se fût borné à dire, comme il l'a fait, qu'on avait acheté des fusils de rebut enfouis dans la tour de Londres, ou qu'on aurait pu les payer moins cher, tout cela n'eût pas été exact, mais n'aurait rien présenté de calomnieux. C'eût été une mauvaise appréciation de la mesure, qui n'aurait porté aucune atteinte à l'honneur des ministres.

» Mais tel n'est point le caractère de l'article qui vous est déféré. A côté d'un acte vrai, l'achat de fusils anglais, acte qu'on était libre, je le répète, de blâmer ou d'approuver, de juger comme bon semblait, on place, on invente, on publie un fait faux et coupable, la stipulation d'un pot-de-vin touché par M. Périer et par le maréchal Soult, un vol enfin, un crime ignoble, qui aurait appelé sur ses auteurs le mépris public et la sévérité des lois... Je vous le demande, Messieurs, à vous, hommes justes et droits, à vous, magistrats citoyens appelés à dire, en votre âme et conscience, devant Dieu et devant les hommes, la vérité au pays, est-ce là de la liberté ou de la licence? Est-ce l'exercice ou l'abus du droit d'écrire? Est-ce un acte de bonne foi, ou la plus odieuse et la plus noire des calomnies? Y a-t-il là matière à indulgence ou à sévérité?

» Et veuillez bien remarquer ici que ce n'est pas un de ces cas où l'indulgence profite aux accusés sans nuire à personne. Absoudre le calomniateur, c'est appeler le soupçon sur ceux qu'il a calomniés, c'est vous associer à la calomnie. Ainsi, vous êtes placés entre le mensonge et la vérité; il faut frapper le coupable ou l'innocent : votre probité n'hésitera pas dans le choix.

» Maintenant, permettez-moi une réflexion que je recommande à votre patriotisme et à vos méditations.

»Dans ce procès, comme dans tous les procès du même genre, on a beaucoup parlé de la liberté en général et de la liberté de la presse en particulier. On a cherché à éveiller votre sollicitude pour ces précieuses conquêtes de notre révolution. On a été jusqu'à dire que la liberté de la presse était traitée aujourd'hui comme sous M. de Villèle; le nom de censure a même été prononcé! Mais, vous le savez, ce ne sont pas toujours ceux qui parlent le plus de liberté qui l'aiment et la respectent le mieux.

» Il y a en France deux espèces d'amis de la liberté : les uns qui la veulent sincèrement et pour tous; qui exigent qu'on respecte en eux le droit d'agir, de parler, d'écrire librement, mais qui se font un devoir aussi de respecter ces mêmes droits chez les autres. Sans rien sacrifier de l'énergie de leurs sentimens et de leurs convictions, ceux-là permettent qu'on pense, qu'on parle et qu'on écrive autrement qu'eux. Car un pays n'est pas libre, si la liberté n'existe pas pour tous.

» Il en est d'autres plus ardens, plus bruyans surtout, qui se disent les zélateurs par excellence de la liberté. A les entendre, eux seuls l'aiment, la comprennent, la défendent. S'ils s'arrêtaient là, on leur passerait encore la prétention, malgré ce qu'elle a de dédaigneux ou d'injurieux pour autrui.

» Mais beaucoup d'entre eux vont plus loin. Ces hommes qui parlent tant de liberté, ne vous laissent pas celle de penser ou de parler autrement qu'ils ne font. C'est pour eux, non pour vous qu'ils veulent cette liberté si vantée. Malheur à vous si vous n'adoptez point leurs doctrines, toutes leurs doctrines, rien que leurs doctrines! A l'instant même vous n'avez plus ni talent, ni vertu, ni honneur. Les services passés, on les oublie, si même on ne va jusqu'à les nier ou à les méconnaître. L'insulte prend la place de l'éloge ; chaque jour de nouveaux outrages vous sont prodigués ; vous devenez la proie quotidienne d'une nuée de diffamateurs.

» Oui, Messieurs, certains hommes que je ne confonds pas assurément avec les organes d'une opposition vive, hostile même, mais décente et qui se respecte ; certains hommes qui déshonorent par leurs violences la mission de l'écrivain politique, semblent se dire chaque matin : j'ai soif de calomnie ; quelle est la réputation qu'il faut que j'immole, le caractère que je vais déshonorer, le nom que j'aurai le plaisir de livrer à la haine ou à la risée publique, la famille dans laquelle je jeterai de douloureux sentimens ? Peut-être les larmes d'une épouse, d'une mère, d'un fils, vont couler en voyant insulter l'objet de leurs plus tendres affections. Mais qu'importe à ces hommes? Ils se jouent des douleurs, comme ils se jouent des renommées. Il semble que l'honneur des autres leur appartient, et qu'ils peuvent en disposer suivant leur bon plaisir!

» De bonne foi, est-ce là la liberté?.. La liberté des calomniateurs, oui; mais l'esclavage des bons citoyens. Et cependant, n'est-ce pas l'affligeant spectacle que nous donnent chaque jour quelques-uns des organes de la presse? Dites-moi, depuis la révolution de juillet, s'il est, non pas seulement dans la sphère orageuse de la politique, mais même dans les lettres, dans les sciences, un seul homme, parmi ceux qui ont osé défendre les idées d'ordre public et les pouvoirs sociaux battus en brèche de toutes parts, qui n'ait été à l'instant même attaqué, poursuivi par des insultes, par des outrages sans cesse renaissans?

» Je le répète; ce n'est point là la liberté : c'est le despotisme de la presse. Et c'est le plus dur des despotismes : car il ne s'attaque pas à la personne ou à la fortune, mais à l'honneur, mille fois plus précieux que la fortune et la vie; et tel qui affronterait la mort, ne sait point braver les traits empoisonnés d'un journal.

» Dans tous les temps cet état de choses serait un mal; dans des temps comme ceux où nous vivons, c'est un mal plus grand encore. Après une révolution qui a bouleversé une foule d'existences et mis en mouvement tant de passions, le premier besoin n'est-il pas d'éteindre les haines, de ramener la paix, la confiance et l'union dans le pays? n'est-ce pas ce que les bons citoyens appellent de tous leurs vœux, ce que vous désirez, comme nous, Messieurs? Eh bien! cela sera-t-il possible, la société pourra-t-elle se rasseoir si des écrivains passionnés peuvent impunément, et par cela même avec une audace toujours croissante, attaquer, calomnier, flétrir toutes les réputations, fomenter les discordes, entretenir les divisions, attiser ces terribles animosités qui finissent par enfanter les guerres civiles et par ensanglanter le pays?

» Voilà, Messieurs, ce que chacun se dit tout bas. Il faut avoir le courage de le dire tout haut. Il faut plus encore, il faut savoir briser ce joug; il faut apporter un remède à ce mal; mais vous seul pouvez l'appliquer, et, sous ce rapport, la destinée de la patrie est dans vos mains.

» Il ne s'agit pas de porter la plus légère atteinte à la liberté de la presse, ni de lui rendre des entraves à jamais brisées. Qu'elle soit pleine, entière; qu'aucune mesure préventive n'arrête la vérité; que le mensonge même puisse se produire, puisque la liberté est à ce prix !... Mais que le mensonge, que la calomnie surtout soient sévèrement réprimés; que la responsabilité soit d'autant plus grande et d'autant plus lourde, que la liberté aura été plus entière. Alors, Messieurs, mais alors seulement, une crainte salutaire contiendra les écrivains dans des limites qu'ils ne peuvent franchir sans péril pour la société; alors la presse, rendue à sa véritable, à son honorable mission, ne sera pas un instrument d'outrage, mais un moyen d'amélioration; elle sera le flambeau qui éclaire et non la torche qui incendie. »

BIBLIOTHÈQUE ROYALE

IMPRIMERIE DE PIHAN DELAFOREST (MORINVAL),
Rue des Bons-Enfans, n°. 34.

www.ingramcontent.com/pod-product-compliance
Ingram Content Group UK Ltd.
Pitfield, Milton Keynes, MK11 3LW, UK
UKHW022239070726
13613UKWH00005B/2025